AF509275

OBSERVATIONS

DES

DÉPUTÉS DU PAYS DE LÉON

ET DE LA PARTIE DE TRÉGUIER,

EN BASSE-BRETAGNE.

OBSERVATIONS

DES DÉPUTÉS DU PAYS DE LÉON

ET DE LA PARTIE DE TRÉGUIER,

EN BASSE-BRETAGNE.

Sur la fixation du chef-lieu de département.

C'EST à regret que nous nous sommes déterminés à porter au comité de constitution, et à soumettre à l'assemblée nationale des contestations qui n'auroient pas dû sortir du sein de la députation de Bretagne.

Cette province, qui peut se flatter d'avoir eu une grande part à la conquête de la liberté, d'avoir puissamment contribué à la révolution, par l'union et l'énergie de ses mouvemens patriotiques, ne dut jamais se voir divisée dans la personne de ses représentans. Heureusement, nous pouvons assurer que leur parfaite intelligence pour le soutien de la cause commune, n'est point altérée par les difficultés relatives à la division de son territoire (1).

---

(1) Le développement des moyens commence à la page 13.

A

L'assemblée nationale a décrété que la France seroit divisée en département dont elle a fixé le nombre de soixante - quinze à quatre-vingt cinq. Chaque département doit contenir environ trois cents vingt - quatre lieues ou dix-huit sur dix - huit ; chaque lieue entendue de deux mille quatre cents toises, et d'après cette règle de procéder, la province de Bretagne, qui contient 1660 lieues de super-ficie, ne doit fournir que cinq départemens, dont le comité de constitution a tracé le plan.

La députation de Bretagne a nommé des commissaires pour en faire l'examen. Ceux-ci ont appellé deux ingénieurs qui ont perfec-tionné le projet de division d'après les con-venances locales, et ce travail a été plusieurs fois discuté dans les assemblées du comité de la province.

Alors il s'est arrêté à deux questions pré-liminaires : premièrement, quelle sera l'éten-due de terrein que prendra le département de Nantes dans les marches communes de la Bretagne et du Poitou ? Ce premier point de démarcation étoit indispensable avant toutes choses, parce qu'il est nécessaire de former la masse, avant de procéder à la division ; on ne peut connoître l'étendue et la valeur d'un tout, qu'après avoir déterminé les parties qui doivent le composer. Il étoit donc essentiel de convenir avec la province du Poitou , du partage des marches communes , avant de pouvoir fixer celui de la Bretagne en cinq portions égales (1).

Secondement , cette égalité doit-elle être entendue et exécutée , comme l'ont observé les ingénieurs dans leur plan de division , en assignant à chaque département un terrein de trois cents trente-deux lieues quarrées ? Cette égalité géométrique ne tendroit-elle pas à léser considérablement chacun des quatre autres départemens , s'il étoit vrai que celui de Nantes se trouvât avantagé d'un quart en sus , par sa population et par ses richesses ?

Tel étoit l'état des difficultés présentées au comité de la députation de Bretagne le 7 décembre. Messieurs les députés de Nantes reconnoissoient sans peine la supériorité de leur département, pour la fertilité du sol, pour les avantages incalculables que lui apportent les fleuves et les rivières qui l'enceinent ou le traversent; la Loire, la Vilaine, l'Erdre, le Doro , etc.

____

(1) Il vient de paroître un mémoire où les députés des Marches Communes demandent à porter la totalité de leur territoire dans le département de Nantes, ce qui aggraveroit encore l'inégalité de la division de la Bretagne.

Mais ces mêmes députés n'avouoient pas également la disproportion non moins considérable de la population, quoiqu'elle soit presque toujours la suite naturelle de la richesse d'un pays, de la fécondité du sol, quoique la ville de Nantes seule ait environ 100,000 habitans. Ils sont allés jusqu'à vouloir persuader que leur département, tel qu'il étoit tracé, égal aux autres en étendue, l'étoit à peine en population. D'après une pareille assertion, il paroîtra moins étonnant qu'ils ayent posé en principe, qu'au surplus les bases de la population et de la contribution sont parfaitement indifférentes à la distribution des départemens.

Quoi qu'il en soit, le résultat de l'assemblée du 7 Décembre fut, que MM. les députés de Nantes se concerteroient incessamment avec ceux du Poitou, pour la division préalable des marches communes, et qu'ils rendroient compte de cette conciliation à la prochaine assemblée, fixée au vendredi 11 décembre.

Elle fut peu nombreuse ; on savoit qu'on n'y agiteroit que ce rapport particulier, et qu'on s'occuperoit ensuite de la lecture de l'adresse au peuple Breton, dont l'examen fut long. Après cela, les signatures devant occuper le reste de la séance, plusieurs membres qui y étoient, se retirèrent.

MM. les députés de Quimper saisirent ce moment opportun pour demander à mettre en délibération le choix du chef-lieu du département, composé de toute la partie basse de la Bretagne, vers l'océan. Les deux députés, présens de l'évêché de Léon, et l'un des députés de Tréguier, s'opposèrent, parce qu'il étoit déjà heure de clore la séance, parce que leurs collègues étoient absens, et sortirent sans délibérer.

M. Bodinier, commissaire pour la sénéchaussée de Rennes, parfaitement désintéressé dans la délibération proposée, crut devoir observer qu'elle n'avoit pas été annoncée, qu'il n'étoit ni régulier ni convenable de délibérer sur un objet non prévu, et en l'absence des confrères qui devoient y prendre part. On lui répondit que la désignation du chef-lieu, *en faveur de Quimper*, importeroit peu aux autres villes, qui probablement demanderoient à alterner ; ce projet, qui paroissoit déjà concerté, fut donc délibéré.

Les auteurs de cet arrêté ne se crurent pas exempts de blâme, et changeant de système pour se conformer à ce qui avoit été pratiqué par les départemens de Nantes et de Vannes ; ils se ravisèrent pour convoquer une assemblée au 14 décembre, où le département de Saint-Brieu, également ap-

pellé, feroit séparément le choix de son chef-
lieu.

Réunis avec nos collègues de département
en comité particulier, le lundi 14, nous
dûmes leur faire observer que leur intention,
dans cette nouvelle convocation, étoit sans
doute de regarder comme non-avenu ce qui
avoit été fait en la dernière assemblée, et on
en demeura d'accord. Il fut procédé à un premier scrutin, où les voix se trouvèrent par-
tagées entre Landerneau et Quimper ; un
treizième suffrage que M. de Kvenlengau
dit être le sien, étoit porté à la ville de
Morlaix.

D'observation, qu'il n'y avoit pas dans le
premier scrutin, une voix pour la ville de
Brest, qui sembleroit cependant réunir plus
de motifs qu'aucune autre, pour exercer
cette prétention. L'un de ses députés plaça
cette remarque, et déclara que quel que pût
être l'évènement de la délibération actuelle,
(qu'il signeroit cependant, comme on en étoit
convenu) il n'entendoit pas y tenir, et se
réservoit de soumettre à l'assemblée nationale les griefs particuliers de sa ville, et les
réclamations communes aux quatre autres
départemens contre la prépondérance de
celui de Nantes.

Cette déclaration excita beaucoup de clameurs ; M. de Kveuleugan les fit cesser , en observant avec beaucoup de calme combien il étoit important dans les circonstances actuelles , que les députés de la Bretagne s'accordent sur leur division ; il obtint que la décision du second scrutin faisoit la règle irrévocablement ; il s'attendoit qu'il seroit conforme à ses vues , et devoit l'espérer d'autant plus , que le comité n'étoit composé que de treize membres : dont six de l'évêché de Quimper, cinq de celui de Léon, et deux du diocèse de Tréguier.

Cependant l'intérêt bien réfléchi de la commodité publique en décida autrement; la majorité absolue des voix , se déclara pour la ville de Landerneau. Cette délibération fut arrêtée et signée : quatre seulement , du nombre des six votans de Quimper , se retirèrent sans l'avoir souscrite.

Elle a été connue de toute la Bretagne , et y a reçu une approbation générale , si l'on excepte une partie , peut-être , de l'évêché de Quimper. Pendant huit jours , et même dans une assemblée de la province, tenue le 21 , les députés de cette ville n'avoient fait aucune réclamation. La détermination du chef-lieu , à Landerneau , ainsi prise pour constante , on s'étoit occupé de la composition des districts de ce département.

. Le 23 décembre, la députation de la province est encore assemblée, pour prendre connoissance de la pétition de la ville de Saint-Malo, qui demande à passer du département de Rennes à celui de Saint-Brieu; et parce que cette réclamation ne paroissoit pas porter sur l'intérêt général de la députation; de soixante-six membres qui la composent, il ne se trouva à cette assemblée que trente-neuf.

Quand on a eu ajourné l'objet des députés extraordinaires de Saint-Malo, parce que leur mémoire n'étoit pas prêt, on a vu avec surprise un député de Saint-Brieu faire la motion de révoquer la délibération particulière du 14, qui avoit fixé le chef-lieu de notre département à Landerneau, et de remettre cet article en délibération.

Cette motion fut bientôt accueillie par tous ceux qu'on avoit intéressés dans la coalition, que l'un de nous ne put se retenir de ne pas qualifier de son nom propre. Il fallut aux autres beaucoup de modération, pour observer froidement combien il étoit extraordinaire, qu'un député de Saint-Brieu, qui ne nous avoit pas appellés sur la délibération relative à son département, fût chargé de contrarier le réglement de nos intérêts particuliers.

Nous nous prévalûmes de l'arrêté, pris et

signé

signé dans l'assemblée du département, le 14;
Nous objectâmes qu'il n'y avoit plus lieu à
délibérer à ce sujet; et que, si les députés
de Quimper, qui ne s'étoient pas encore expli-
qués, avoient à se plaindre de la fixation du
chef-lieu à Landerneau; ils devoient se pour-
voir directement devant le comité de constitution et adjoints préposés pour vuider ces
discussions, et en faire le rapport à l'assemblée
nationale. Nous terminions par cette réflexion,
que la motion étonnante du député de Saint-
Brieu n'avoit pas été annoncée par la convocation, et que dans le cas où elle auroit
été admissible, il seroit de la loyauté de
ne la délibérer qu'en présence des 27 députés absens, ou dûment avertis d'y prendre
part. D'après ces protestations recomman-
dées par la raison, par la franchise bretonne;
nous nous fîmes un devoir de laisser le champ
libre au parti que nous voyons formé dans
l'assemblée, et qui a entrainé vingt-cinq
voix pour mettre au néant la délibération
libre et régulière du 14, et pour accorder
à Quimper le chef-lieu.

Il faut croire que les démarches qui ont
amené cette résolutiou inattendue, n'ont pas
été capables de mouvoir un plus grand nombre
dans la députation de Bretagne, puisqu'elles
n'ont gagné que ving-cinq suffrages, de

soixante-six membres qui la composent, ou du moins de soixante-quatre, parce qu'il y a deux démissions qui n'ont pas été remplacées ; et sous ce rapport, la délibération est loin de la majorité.

Nous regrettons d'avoir été forcés d'entrer dans ce récit des faits, qui peuvent paroître indifférens à MM. du comité de constitution, et à l'assemblée nationale. Mais il n'est pas indifférent pour nous de rendre à notre province un compte exact de tout ce qui s'est passé, relativement à cette discussion.

Tout se rétablit devant le tribunal de la nation, qui pesera dans sa sagesse les intérêts respectifs, qui jugera s'il est dans l'esprit de ses décrets que la circonscription des départemens soit déterminée, sans autre considération, par la règle unique d'égalité de terrein ; s'il n'est pas juste d'y faire concourir à certains égards, la proportion de population et de richesse, pour assurer en même temps l'égalité de la représentation : enfin, s'il n'y a pas de nécessité de rappeller au principe, quand il est évident que le département de Nantes, réunissant à une égalité parfaite de territoire la prépondérance de sa population et de sa richesse, jouiroit de l'avantage de nommer aux législatures onze à douze députés, quand chacun des autres départemens de la Bretagne, ne donnera que huit à neuf. Ce grief est commun à toute la députation, et doit la réveiller sur un intérêt aussi pressant.

Nous nous renfermons ici dans notre tâche particulière, qui est de prouver que le chef-lieu de notre département doit être placé dans la ville de Landerneau. Des autres villes qui se sont mises sur les rangs, comme Morlaix, Carhaix, Quimper et Brest, celle-ci seule pouvoit disputer la préférence en raison de sa population, de ses forces, et de sa contribution.

L'enceinte de Brest, coupée par le port de mer, renferme plus de trente mille ames, et dans ce nombre on ne comprend pas les troupes de la garnison. Le projet déjà tracé de l'aggrandissement de cette ville, la nécessité d'en suivre l'exécution pour favoriser le service, et assurer la défense de ce port, qui est le premier du royaume, lui assigne un nouveaux rang, et la place déja dans la classe des villes du second ordre. Brest est sans contredit le principal entrepôt des forces publiques, sur lesquelles reposent la sûreté du commerce, la prospérité de l'état, et l'honneur des armes de la nation. Il est d'une extrême importance d'accroître la considération politique attachée à cette ville, de fa-

ciliter les approvisionnemens de son arsénal,
et d'y fixer l'opinion publique qui a pris dans
cette importante cité une faveur, peut-être
étonnante, en une ville de guerre.

La somme de sa contribution triple, celle
des autres villes de cette partie de la province.
Cette source précieuse du secours public, prend
encore de nouvelles forces dans le patriotisme
de ses habitans. Une preuve digne d'en être
mise sous les yeux de l'assemblée nationale,
est dans la déclaration des sept Brestois qui
se sont présentés les premiers pour exécuter
son décret sur la contribution du quart; leur
soumission s'élève à 20,900 liv.

Il est possible que l'assemblée nationale se
détermine par le concours de tant de motifs
de prépondérance à assigner le chef-lieu du
département dans la ville de Brest. Elle verra
cependant avec soumission, accorder la préférence à celle de Landerneau qui n'en est dis-
tant que de quatre lieues, et qui alors doit
s'approprier toutes les raisons, toutes les considérations qui réclament pour Brest, parce qu'on
ne peut en écarter l'application, parce qu'on ne
peut, sans constituer en souffrance cette pre
mière place du royaume, fixer loin d'elle le
siège de l'administration publique.

Avec cet avantage supérieur que la ville
de Landerneau trouve dans la proximité de

Brest, elle pourroit se dispenser d'invoquer ceux de sa situation locale, dont elle a fourni le détail dans une adresse à l'assemblée nationale.

La petite ville du Faou est géométriquement le point central du département. Landerneau n'en est éloigné que de quatre lieues, et se trouve précisément la seule ville approchante du centre, capable de comporter un gouvernement d'administration en chef. Autour de Landerneau vient se former un cercle nombreux de villes, Brest, S. Renau, le Conquet, Lannilis, Lesneven, Plouescat, S.-Paul de Léon, Roscof, Landivisiau, Morlaix, le Faou, la Feuillée, Crauzon, Locronan, Douarnené et Chateaulin, dont les plus éloignées ne sont que de sept à huit lieues. Les villes les plus distantes, comme Carhaix, Château-Neuf et le Quimper, sont de onze à douze lieues ; Quimperlé seul, qui forme une pointe à l'extrémité du département, sera à la distance d'environ vingt lieues (1).

Landerneau vient après Brest et Morlaix, pour sa population, pour la quotité de contribution, et pour la commodité de ses établissemens. La certitude de son accroisse-

____

(1) On continue toujours de raisonner par la lieue de 2400 toises.

ment futur , est dans ses relations avec Brest ,
dont elle est en temps de guerre l'entrepôt
pour les approvisionnemens de toute espèce ,
pour les mouvemens et le séjour des troupes
destinées à être embarquées. Les magasins
et le port de Landerneau ont toujours servi à
décharger celui de Brest , du regorgement de
ses munitions de guerre et des vaisseaux de
transport; son commerce est encore un objet
important.

Cinq grandes routes aboutissent à Landerneau , et toutes offrent des relais de poste
commodes , excepté sur celle qui conduit à
Carhaix. Les établissemens de l'hôtel-de-ville
sont assez étendus pour recevoir, sans aucune nouvelle dépense, tous les bureaux d'administration ; et la maison des dames Ursulines
qui a été prise, pendant la dernière guerre,
pour hôpital de la marine, et qui sûrement
sera supprimée par l'effet de la réunion de
cette communauté à celle de Lesneveu , double
la facilité du choix à faire , pour placer les bureaux de départemens.

Que peut mettre en parallèle la ville de
Quimper, pour soutenir la concurrence (1) ?

---

(1) Quimper-Corentin, où l'on sait que le diable
conduit les gens quand il veut qu'ils enragent.

LA FONTAINE.

rien, qui au moins s'accorde avec l'avantage public et la commodité du département.

On rappelle pour Quimper une importance antique et parfaitement ruinée, qui dans des temps éloignés fut le motif d'y placer un présidial. Mais dès avant la naissance de la discussion, nous avons proposé à nos collègues de Quimper d'y conserver le siège d'une présidialité ou tribunal de département. Pour soulager la médiocre existence de ses habitans en général, nous avons même consenti à ce que la cour supérieure soit transférée à Quimper, dans le cas où les rapports économiques permettent d'en créer deux en Bretagne. Quelle condescendance! Et comment pourrions-nous en rendre raison à *nos commettans?*

En effet, l'importance de cette ville, soit dans le commerce, soit dans l'ordre politique, est notoirement nulle. Sa population est au-dessous de huit mille ames. Sa contribution comparative dans le paiement des impôts n'égale pas, à beaucoup près, celle de Brest, Morlaix, Landerneau, etc. La situation de Quimper le place à une extrémité de la côte, sous la distance de trois lieues et demie de la grande mer, dans un point à 4, 5 et 6 lieues, et par-tout ailleurs, une pointe seulement dite le Bec-du-Rat, se prolonge sur la côte jusqu'à la distance de dix lieues. L'inspection du plan démontre l'exactitude de ce tableau.

Si on consulte le grand motif, la raison dé-
cisive, l'incommodité de la très-majeure partie du département, on voit que la ville de
Quimper est à vingt, vingt-deux et même
vingt-six lieues de la côte de Léon, la plus
populeuse du royaume, et qui, prenant à la
pointe de Saint Matthieu, se prolonge sur la
Manche par un demi-cercle de vingt-cinq
lieues, pour atteindre l'extrémité du département dans l'évêché de Tréguier. Les habitans de cette dernière contrée ne peuvent se
rendre à Quimper, qu'en faisant un circuit
très-considérable pour venir prendre Landerneau, ou en se jettant dans les montagnes
d'Arré, impraticables dans le tems indiqué
aux assemblées de départemens, et qui, dans
toutes les saisons, offrent les dangers les plus
effrayans. La liste des personnes qui périssent
tous les ans dans les neiges en traversant ces
montagnes, ou qui, échappées aux voleurs,
deviennent la proie des bêtes féroces, présen-
teroit une image trop affligeante. Mais, abs-
traction faite de ces inconvéniens, faudra-t il
que trois cents mille habitans de Léon en aillent
chercher cent mille, perdus en quelque sorte
au milieu des montagnes et des bois infestés
de brigands? Faudra-t-il que le grand nombre
rassemblé dans un évêché moins étendu, mais
fertile, et distribué en plusieurs villes, soit

atti é

attiré au loin par le petit nombre , pendant qu'il existe un lieu de département, moralement central et commode à tout le monde ?

On croira avec peine que nos collègues de Quimper ayent osé hasarder cette prétention. Et sur quels fondemens encore? Rendons leurs allégations.

Ils ont dit que Quimper a besoin de se relever de sa détresse ; qu'on y trouve les établissemens d'une neuvième commission intermédiaire, qui recevoit les ordres de celle principale de Rennes ; que ces établissemens sont disposés sans nouveaux frais, pour une administration de département, et demeureroient en pure perte, s'ils n'étoient pas employés à cette destination. Ils font sonner bien haut que leur ville est épiscopale ; qu'on y trouve une église cathédrale, un séminaire et un collège.

Eh bien ! toutes ces petites considérations se trouvent dans la ville de Saint-Paul de Léon , siège épiscopal, cathédrale plus à la moderne, bureau de commission intermédiaire , séminaire , et , par-dessus tout , un collège dont l'édifice vient de coûter quatre cents mille livres. Cependant la ville de Saint-Paul ne demande pas un chef-lieu de département. On ne pourra même pas y placer un district, ni l'indemniser de la perte d'une jurisdiction

C

de l'évêque et du chapitre , dont le ressort étoit fort étendu.

Saint-Paul de Léon cède à la rigueur du principe , qui veut que l'intérêt particulier ou local soit sacrifié à l'intérêt public et général. Pourquoi la ville de Quimper ne subiroit elle pas la même loi ? Pourquoi ne feroit-elle pas de très-légers sacrifices à la commodité publique ? La convenance générale est la base de toutes les déterminations propres aux établissemens de l'administration civile , et cette base, dans l'hypothèse présente , indique pour siège de département, la ville de Landerneau, comme la plus voisine du centre, la plus rapprochée de la grande population.

S'il étoit utile d'accumuler d'autres considérations, on feroit remarquer, par exemple, le danger connu du transport des fonds publics à Quimper, la convenance d'en approcher le dépôt de Brest, où l'acquittement direct de l'impôt trouve un moyen prompt et facile de s'exécuter.

Tout se réunit donc en faveur des réclamations de Landerneau. La raison tranchante est dans la situation ; et en nous attachant à la défense de cette ville contre Quimper, nous nous sommes si peu livrés à aucune proposion particulière, que nous adopterions bien-

laix, comme chef lieu de département, comme
la ville centrale, dans le cas où par un mou-
vement général dans les départemens de Bretagne, sollicité par Saint-Malo, le nôtre dût
comprendre tout l'évéché de Tréguier.

Nous exprimons devant l'assemblée nationale le vœu du bien public, et nous sollici-
tons ses décrets sur une disposition déjà
prévue par sa sagesse. Il est entré dans ses
vues de disperser les différens établissemens,
pour en communiquer les avantages aux prin-
cipaux lieux de chaque département ; et c'est
pour arriver à cet ordre de distribution, avec
la plus scrupuleuse équité, que nous sommes
chargés de demander :

1°. Que la ville de Landerneau soit le chef-
lieu du département et le siège de son administration.

2°. Que le siège d'une cour supérieure, s'il
est décidé qu'il y en ait deux en Bretagne,
soit fixé en la ville de Quimper, qui, en tout
cas, seroit le tribunal de département.

3°. Que, dans la supposition première ci-
dessus, le tribunal de département soit ac-
cordé à la ville de Brest, et que dans tous
les cas elle soit autorisée à établir un consulat
terrestre et maritime.

4°. Que l'évéché soit conservé à la ville de
S. Paul de Léon, même en supposant qu'il

n'y ait qu'un siège épiscopal dans le département.

Le Gendre, Moyot, Expily, Dom Verguet, le Guen de Kerangall, Keraugon, le Lay de Grantugen, Mazurié de Pennannech.

Arrêté du 14 décembre 1789.

Députés présens et votans.

MESSIEURS,	*Evéchés.*
Le Guen de Kerangall. . . .	*Léon.*
De Leissegues	*Quimper.*
Expily.	*Léon.*
Le Lay de Grantugen	*Tréguier.*
Mazurié de Pennannech . . .	*Tréguier.*
De Kveuleugan	*Quimper.*
Le Déan.	*Quimper.*
Clermont.	*Quimper.*
Legendre.	*Léon.*
Moyot.	*Léon.*
Le Golias.	*Quimper.*
De Keraugon.	*Léon.*
Billete.	*Quimper.*

Sept voix pour la désignation du chef-lieu de département à Landerneau, contre six voix pour Quimper. 14 décembre 1789.

Signatures de l'arrêté.

Expily, Keraugon, Legendre, Moyot, le Guen de Kerangall, le Lay de Grantugen, Mazurié de Pennanrun, de Leisseigues, le Golias.

FIN.